yukismart.com/b/608ee6
AF365071
1
2

baby

малюк

maliuk

jongen

хлопчик

khlopchyk

vrienden

друзі

druzi

meisje

дівчинка

divchynka

glimlachen
посміхатися
posmikhatysia

huilen
плакати
plakaty

haar
волосся
volossia

oog
око
oko

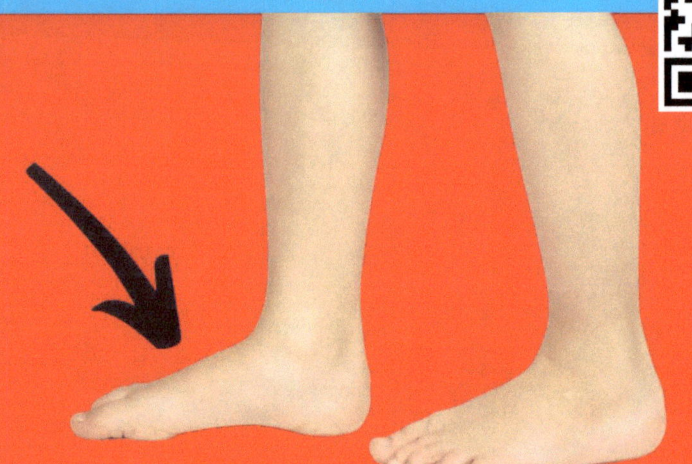

voet
стопа
stopa

hand
кисть
kyst

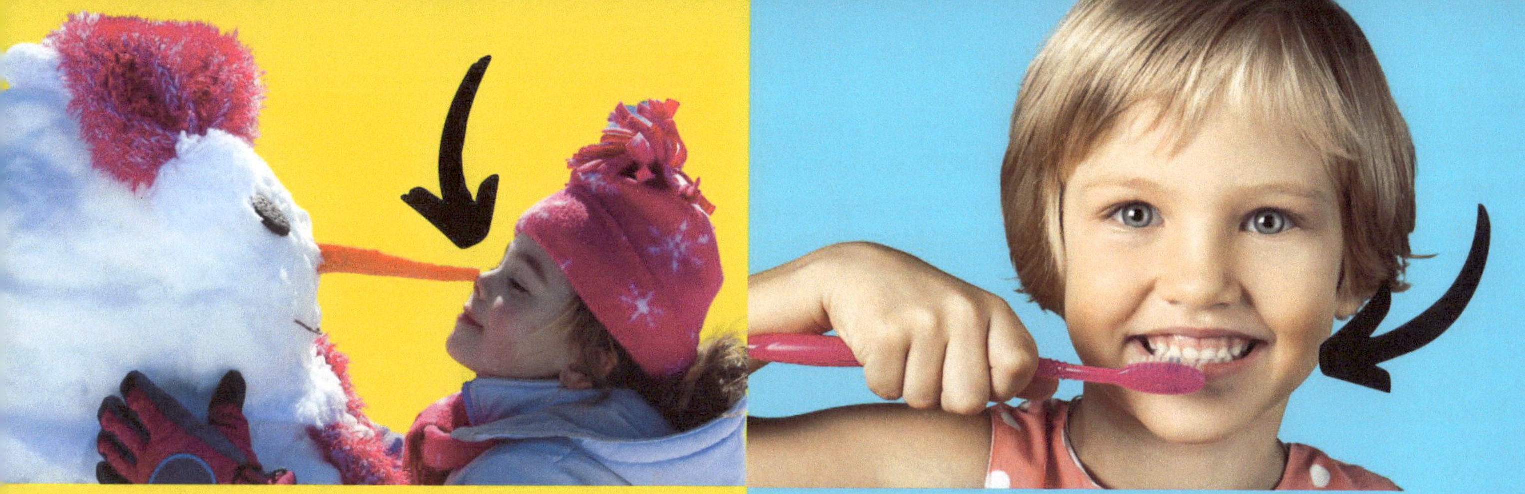

neus

ніс

nis

tanden

зуби

zuby

oor

вухо

vukho

tong

язик

iazyk

zon

сонце

sontse

maan

місяць

misiats

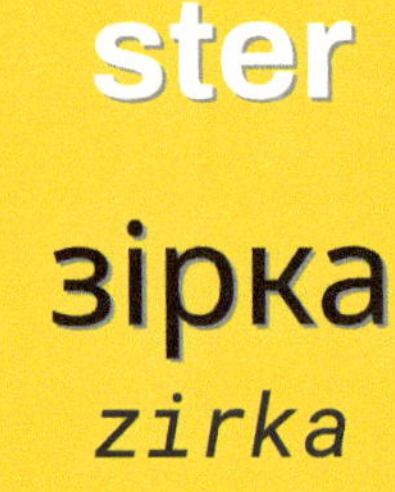

ster

зірка

zirka

boom

дерево

derevo

vogel

пташка

ptashka

jas

пальто

palto

broek

штани

shtany

jurk

сукня

suknia

schoenen

черевики

cherevyky

rood

червоний

chervonyi

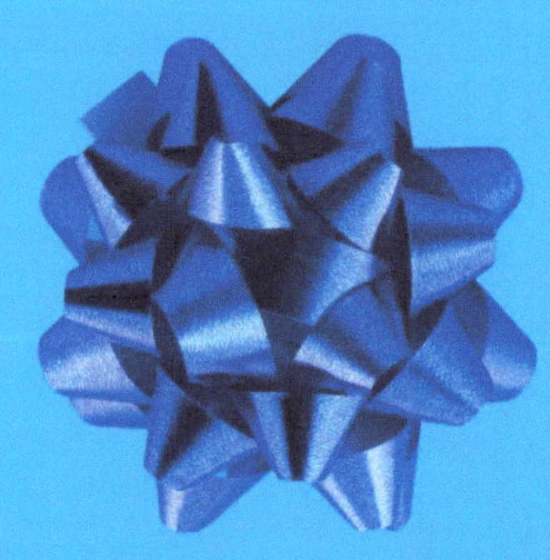

blauw

синій

synii

geel

жовтий

zhovtyi

roze

рожевий

rozhevyi

wit
білий
bilyi

groen
зелений
zelenyi

zwart
чорний
chornyi

veelkleurig
різнокольоровий
riznokolorovyi

regenboog

веселка

veselka

appel

яблуко

iabluko

banaan

банан

banan

tomaat

помідор

pomidor

sinaasappel

апельсин

apelsyn

wortel

морква

morkva

erwten

горошинки

horoshynky

aardappel

картопля

kartoplia

maïs

кукурудза

kukurudza

citroen

лимон

lymon

druiven

виноград

vynohrad

peer

груша

hrusha

watermeloen

кавун

kavun

courgette

Кабачок-цукіні

Kabachok-tsukini

ei

яйце

iaitse

paddenstoel

гриб

hryb

vierkant

квадрат
kvadrat

cirkel

коло
kolo

rechthoek

прямокутник

priamokutnyk

driehoek

трикутник

trykutnyk

kat

кішка

kishka

hond

собака

sobaka

vis

риба

ryba

koe

корова

korova

eend

качка

kachka

kuiken

курча

kurcha

kip

курка

kurka

kikker

жаба

zhaba

varken

свиня

svynia

konijn

кролик

krolyk

muis

миша

mysha

paard

КІНЬ

kin

schaap

ВІВЦЯ

vivtsia

bloem

квітка

kvitka

vlinder

метелик

metelyk

lieveheersbeestje

божа корівка

bozha korivka

slak

равлик

ravlyk

taart

тістечко

tistechko

brood

хліб

khlib

klok

годинник

hodynnyk

sleutel

КЛЮЧ

kliuch

boek

кнИга

knyha

bal

м'яч

m'iach

tafel

стіл

stil

bord

тарілка

tarilka

stoel

стілець

stilets

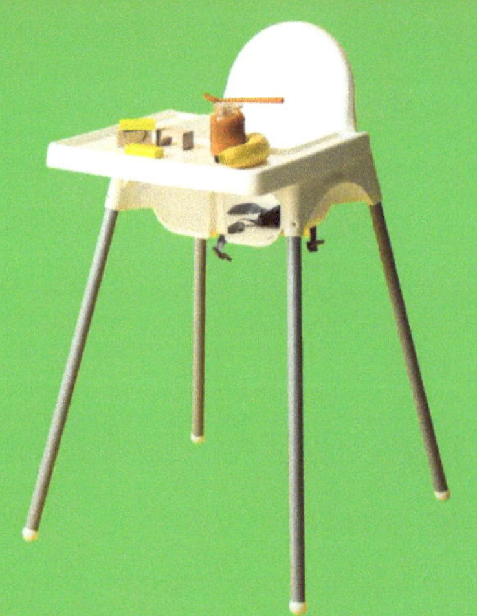

kinderstoeltje

стільчик для годування

stilchyk dlia hoduvannia

vork
виделка
vydelka

mes
ніж
nizh

lepel
ложка
lozhka

beker
чашка
chashka

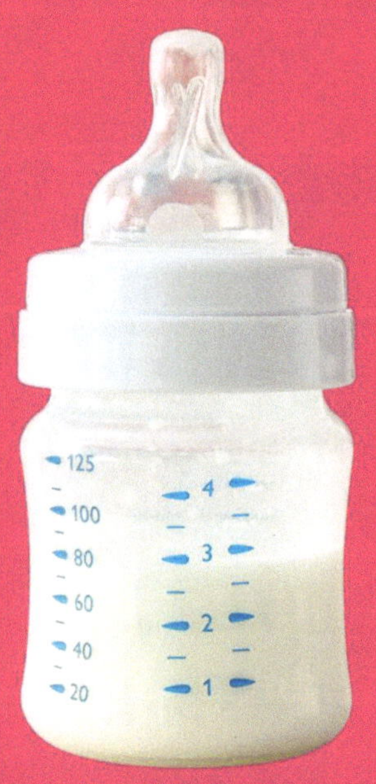

babyflesje

дитяча пляшечка
dytiacha pliashechka

glas

стакан
stakan

bed

ліжко

lizhko

wieg

дитяче ліжко

dytiache lizhko

teddybeer

плюшевий ведмедик

pliushevyi vedmedyk

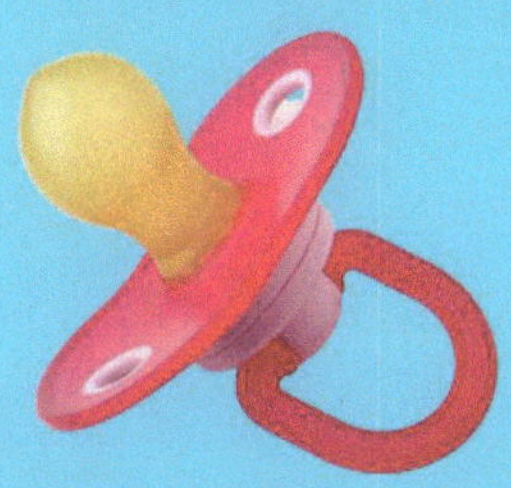

speen

соска

soska

handdoek

рушник

rushnyk

wastafel

раковина

rakovyna

tandenborstel

зубна щітка

zubna shchitka

zeep

мило

mylo

toilet

унітаз

unitaz

potje

дитячий горщик

dytiachyi horshchyk

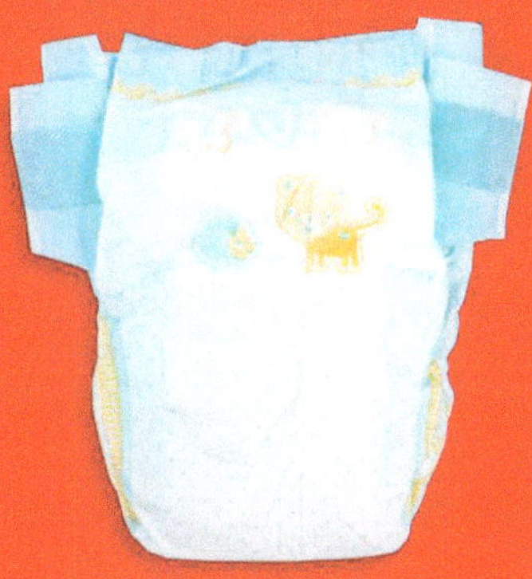

luier

підгузник

pidhuznyk

auto
машина
mashyna

fiets
велосипед
velosyped

vliegtuig
літак
litak

boot
човен
choven

brandweerwagen

пожежна машина
pozhezhna mashyna

trein

потяг
potiah

speelgoed

іграшки

ihrashky

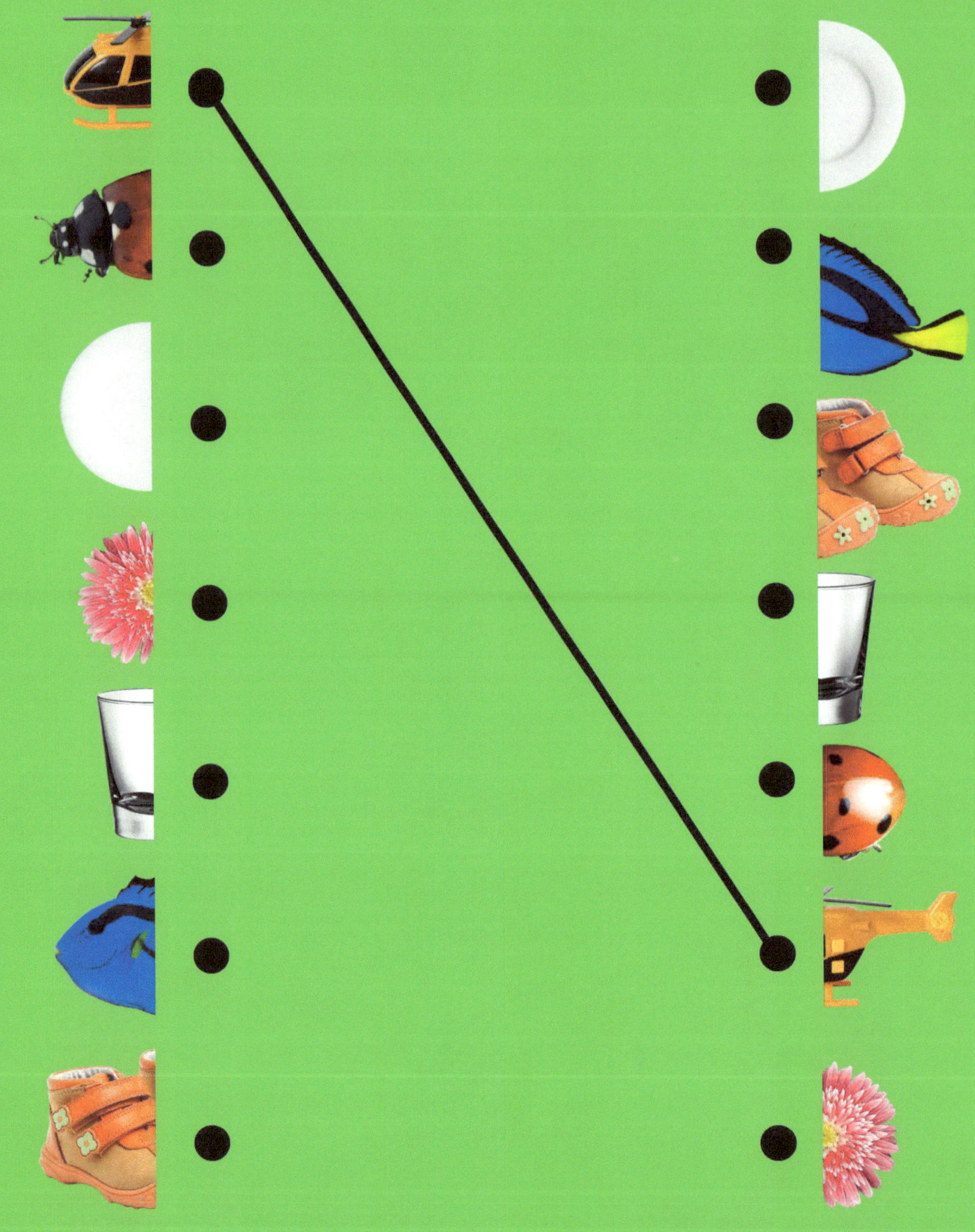